GUIDE DU VOYAGEUR
A LA
GRANDE-CHART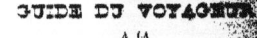

Contenant

L'ITINÉRAIRE DES QUATRE ROUTES, AVEC LES DISTANCES ET LES
UNE NOTICE SUR LA GRANDE-CHARTREUSE
UNE CARTE GÉOGRAPHIQUE ET HUIT DESSINS LITH.

PRIX : 2 FRANCS.

A Grenoble,
CHEZ PRUDHOMME, IMPRIMEUR-LIBRAIRE, RUE
ET CHEZ TOUS LES LIBRAIRES.

1836.

GUIDE DU VOYAGEUR
A LA
GRANDE-CHARTREUSE

CONTENANT

L'ITINÉRAIRE DES QUATRE ROUTES AVEC LES DISTANCES ET LES HEURES DE MARCHE,
UNE NOTICE SUR LA GRANDE-CHARTREUSE,
UNE CARTE GÉOGRAPHIQUE ET HUIT DESSINS LITHOGRAPHIÉS.

A GRENOBLE,
CHEZ PRUDHOMME, IMPRIMEUR-LIBRAIRE, RUE LAFAYETTE,
ET CHEZ TOUS LES LIBRAIRES.

1836.

Grenoble, Imprimerie de Prudhomme

Guide du Voyageur
A LA GRANDE-CHARTREUSE.

ITINÉRAIRE.

PREMIÈRE ROUTE.
DE GRENOBLE A LA GRANDE-CHARTREUSE PAR VOREPPE ET SAINT-LAURENT-DU-PONT.
7 lieues 3/4 de distance, 8 heures de marche.

De Grenoble à Voreppe, 3 lieues (2 heures).

De Voreppe à la Placette, 1 lieue (1 heure 1/2).

De la Placette à Saint-Laurent-du-Pont, 1 lieue 3/4 (1 heure 3/4).

De Saint-Laurent-du-Pont, on remonte le torrent du Guiers-mort jusqu'à Fourvoirie, 1/4 de lieue (1/2 heure). Là se trouve la première entrée du désert (*Planche* 1).

La route passe entre deux rochers, sous une porte voûtée; depuis cet endroit, elle monte continuellement jusqu'au monastère. Elle ne fut ouverte qu'en 1495.

De Fourvoirie au Pont-Pérant, $3/4$ de lieue ($3/4$ d'heure). On traverse le Guiers sur ce pont.

Du Pont-Pérant au monastère de la Grande-Chartreuse, 1 lieue $1/4$ (1 heure $1/2$). La route devient rapide et raboteuse, elle passe sous une porte, seul reste du fort de l'OEillette ou Aiguillette, qui fut construit pour défendre le passage contre le fameux contrebandier Mandrin. Ce fort est adossé à un pic qui lui a donné son nom (*Planche* 2). Après l'OEillette, la route devient plus praticable. A un détour, on trouve une croix verte; de là, on aperçoit, sur la gauche, la Courrerie; dans le fond, la deuxième entrée du désert, et, sur la droite, la vallée de Vallombrée. On marche encore pendant une demi-heure dans une forêt très-sombre, et on arrive au monastère. (*Notice sur la Grande-Chartreuse*, page 9.)

DEUXIÈME ROUTE.

DE GRENOBLE A LA GRANDE-CHARTREUSE PAR LE SAPEY.

5 lieues 1/4 de distance, 7 heures de marche.

De Grenoble à la Tronche, 1/4 de lieue (1/4 d'heure).

De la Tronche au Sapey, 1 lieue 3/4 (2 heures 1/2). A la Tronche, on prend le chemin de Montfleuri. Ce chemin conduit, après une heure et demie de marche, dans une vallée où coule le torrent de la Vence, que l'on remonte jusqu'au village du Sapey.

Du Sapey à la forêt de Portes, 3/4 de lieue (1 heure).

De la forêt de Portes au hameau des Cottaves, 3/4 de lieue (1 heure).

Des Cottaves à la deuxième entrée du désert (*Planche* 3), 1 lieue (1 heure 1/2). Depuis la forêt de Portes, la route descend; après les Cottaves, elle est en plaine; elle passe entre le Grand-Logis, ancienne dépendance de la Grande-Chartreuse et la chapelle de Saint-Hugues. De là, elle continue à descendre pendant quelques minutes jusqu'à l'entrée du désert. La vallée comprise entre la forêt de Portes et cette entrée se nomme Chartreuse : ce fut le premier chemin que suivit saint Bruno.

De l'entrée du désert au monastère de la Grande-Chartreuse, 3/4 de lieue (3/4 d'heure). On passe le Guiers sur un pont qui a une porte à chacune de ses extrémités ; on recommence à monter, et, après avoir dépassé un bâtiment appelé la Courrerie, on trouve une vaste prairie au bout de laquelle est le monastère.

Cette route ne peut se faire qu'à pied ou avec une monture. Un guide est nécessaire.

TROISIÈME ROUTE.
DE VOIRON A LA GRANDE-CHARTREUSE PAR SAINT-LAURENT-DU-PONT.
4 lieues 3/4 de distance, 5 heures 1/2 de marche.

De Voiron à Saint-Etienne-de-Crossey, 1 lieue 1/4 (1 heure 1/2).

De Saint-Etienne-de-Crossey à Saint-Laurent-du-Pont, 1 lieue 1/2 (1 heure 3/4). La route traverse la gorge du Crossey et se joint ensuite à celle qui mène de Voreppe à Saint-Laurent-du-Pont.

De Saint-Laurent-du-Pont à la Grande-Chartreuse (*voir la première route*).

QUATRIÈME ROUTE.
DE CHAMBÉRY A LA GRANDE-CHARTREUSE PAR LES ÉCHELLES ET SAINT-LAURENT-DU-PONT.

9 lieues de distance. 8 heures 1/2 de marche.

De Chambéry à Saint-Thibaut, 3 lieues (2 heures).

De Saint-Thibaut aux Echelles, 3 lieues (2 heures). La route est percée à travers une montagne, à une demi-heure de distance des Echelles. Ce bourg est divisé par la rivière du Guiers-vif en deux parties, dont l'une appartient à la Savoie et l'autre à la France.

Des Echelles à Saint-Laurent-du-Pont, 1 lieue (1 heure 1/2).

De Saint-Laurent-du-Pont à la Grande-Chartreuse (*voir la première route*).

A Saint-Laurent-du-Pont, on trouve, dans les hôtels, des guides et des montures. *Hôtel des Voyageurs*, chez TARTAVEL; *du Nord*, chez TIRARD; *de la Chartreuse*, chez GAILLARD.

Une voiture publique part tous les jours de Grenoble pour Saint-Laurent-du-Pont.

NOTICE
SUR LA GRANDE-CHARTREUSE.

Saint Bruno fut le fondateur de ce monastère. Il naquit à Cologne vers le milieu du onzième siècle; suivi de six compagnons, il chercha une retraite dans les montagnes du Dauphiné. Un désert situé à six lieues au nord de Grenoble, appelé Chartreuse, et qui depuis a transmis son nom à l'ordre des chartreux, fut donné à saint Bruno en 1084 par Humbert de Mirabel et d'autres propriétaires.

Les premières cellules et l'oratoire occupèrent d'abord cette partie du désert où sont bâties maintenant la chapelle de Saint-Bruno et celle de Sainte-Marie. Après quelques années de séjour dans cette solitude, saint Bruno fut appelé à Rome par le pape Urbain II et mourut en Calabre en 1101. Le nombre des disciples qu'il avait laissés dans le désert s'étant accru, le monastère fut construit sur l'emplacement qu'il occupe aujourd'hui. Depuis cette époque, la forme de l'édifice dut changer, car il fut huit fois la proie des flammes : en 1320, 1371, 1474, 1510, 1562; il fut pillé et brûlé en 1582 par les protestants, sous les ordres du baron des Adrêts; en 1611, l'incendie ne fut que partiel ; en 1676, les bâtiments furent entièrement consumés et reconstruits tels qu'on les voit maintenant.

A la révolution de 1789, les chartreux furent dispersés et leurs propriétés appartinrent à l'état. A cette époque, on comptait en Europe cent vingt-sept monastères de l'ordre des chartreux, dont cinq de femmes. La France seule en avait soixante-six; maintenant elle en a quatre : celui de la Grande-Chartreuse, qui est le chef-d'ordre, un second à Toulouse, un troisième à Nancy, et un quatrième à Beauregard, près de Voiron. Ce dernier est un monastère de femmes.

La restauration a restitué aux chartreux le monastère de la Grande-Chartreuse et les bâtiments qui l'entourent; les forêts sont restées biens de l'état. Le 8 juillet 1816, dom Moissonier, supérieur général de l'ordre, vint prendre possession du monastère à la tête de quelques religieux, le rendit à sa première destination et mourut onze jours après.

Le monastère (*Planches* 4 et 5) est situé à 981 mètres au-dessus du niveau de la mer; il est bâti dans une prairie inclinée à l'ouest et bordée d'une forêt de hêtres et de sapins. L'édifice, d'une architecture fort simple, est recouvert en ardoises et entouré de murailles; il se compose de deux corps de bâtiments. Dans le premier est un grand corridor dont l'entrée communique avec de vastes pièces carrées, appelées salles de France, d'Italie, de Bourgogne, d'Allemagne. Au fond de ce corridor se trouvent le logement du général ou supérieur de l'ordre et la bibliothèque; à droite sont les cellules des officiers; à gauche, le réfectoire, la cuisine, l'église et la chapelle domestique; à l'étage supérieur, la grande galerie, la salle du chapitre, et des appartements où couchent les étrangers. Dans le second corps de bâtiment est le cloître.

Le supérieur général gouverne l'ordre entier; il est élu à vie. Le prieur est le supérieur de la maison. Le vicaire remplace le supérieur. Le procureur s'occupe des affaires extérieures, de concert avec le coadjuteur; ce dernier est spécialement chargé de recevoir les étrangers. Le chapitre, composé de prieurs et de visiteurs, s'assemble chaque année pour examiner la gestion des affaires de l'ordre. Les prieurs sont révocables au gré de ce chapitre.

Parmi les religieux, les uns, qu'on nomme pères, ne sortent de leurs cellules que pour aller aux offices ou pour se promener, aux jours fixés, dans le désert, dont ils ne peuvent franchir les limites; ils peuvent causer entre eux avec la permission du supérieur; ils disent la messe. D'autres, qu'on nomme frères, sont employés au service de la maison.

Le costume de l'ordre (*Planche* 6) est en laine blanche. L'usage du linge est interdit, un gilet remplace la chemise; par-dessus est une tunique à larges manches, serrée par une ceinture; une cuculle avec son capuchon recouvre la tunique; une culotte et des souliers complètent le costume. Le chapeau relevé sur trois côtés et la chape noire sont pour le voyage.

Le nom propre des pères chartreux et la dénomination des grades sont précédés du titre de *dom*.

Le cloître est enfermé entre deux corridors longs de plus de trois cents mètres; au centre est le cimetière. Ces corridors communiquent à soixante cellules, dont chacune a un vestibule, une pièce avec sa cheminée, une chambre à coucher dans laquelle est un lit composé d'une paillasse, d'une couverture et de deux linceuls de laine, un galetas, un atelier et un petit jardin.

Les religieux se rendent à l'église au son de la cloche; les offices ont lieu cinq fois pendant le jour et une fois au milieu de la nuit. Les étrangers peuvent y assister, une tribune leur est réservée.

A onze heures du matin, chaque religieux reçoit sa nourriture dans sa cellule, par une petite ouverture communiquant avec le corridor. A cinq heures du soir, il fait une collation avec ce qui reste du repas du matin; les dimanches et fêtes, le repas se fait en commun au réfectoire. Les aliments de la communauté sont : le pain, les légumes, le lait, le beurre, les œufs, le fromage et le poisson, le vin mêlé avec de l'eau; la viande est interdite. Pendant le carême, les religieux ne mangent que des légumes apprêtés à l'huile.

L'église est décorée simplement. L'autel actuel est en bois peint; celui que l'on y remarquait auparavant était en marbre blanc; après la révolution, il fut transporté dans la cathédrale de Grenoble. Des anciennes stalles il ne reste que celles du chœur, les autres sont modernes. La nef est divisée en deux parties par une boiserie en claire-voie;

celle du côté du chœur est destinée aux pères, l'autre aux frères et domestiques de la maison. Il y a en outre trois autres chapelles : celle de Saint-Louis, celle des Morts et celle dite domestique.

Dans la grande galerie, on voit les tableaux qui représentent les chartreuses de diverses parties de l'Europe.

La salle du chapitre est grande et de forme carrée; tout autour sont des stalles adossées à la muraille. Cette salle est décorée de tableaux représentant la vie de saint Bruno; ces tableaux sont copiés d'après ceux de Lesueur qui sont au musée du Louvre. Immédiatement au-dessous du plafond sont placés, par ordre chronologique, les portraits des généraux de l'ordre, depuis sa fondation jusqu'en 1789.

La bibliothèque se compose maintenant d'environ quatre mille cinq cents volumes; avant la révolution elle était plus considérable, à cette époque elle fut entièrement dépouillée; elle renfermait un grand nombre de manuscrits; quelques-uns ont été recueillis et déposés à la bibliothèque de Grenoble.

En-dehors du mur d'enceinte, on voit un moulin et d'autres bâtiments qui servent d'écuries et d'ateliers. A un quart-d'heure de distance, sur la route du Sapey, est la

Courrerie. Anciennement on y fabriquait des draps, des toiles, et tout ce qui était nécessaire aux maisons de l'ordre; il y avait aussi une imprimerie. Cet établissement, maintenant abandonné, fut fondé en 1296. Il fut incendié et reconstruit quatre fois.

La chapelle de Sainte-Marie *a casalibus* ou des cabanes est construite au milieu d'une forêt de sapins (*Planche* 7). On y arrive après une demi-heure de marche, en prenant un sentier qui est vis-à-vis du grand portail; elle fut construite en 1440 par François de Marême, un des généraux de l'ordre. C'est là que furent bâties les cellules ou cabanes des premiers chartreux.

Quelques pas encore et l'on trouve la chapelle de Saint-Bruno (*Planche* 8). Sur le rocher qui la soutient, un oratoire fut élevé en 1084 par saint Bruno. En 1640, Jacques de Merly, évêque de Toulon, fit construire la chapelle qu'on voit aujourd'hui. L'autel est tout ce qui reste de l'ancien oratoire.

Le rocher perpendiculaire qui est au nord-est de la Grande-Chartreuse se nomme le Grand-Som ou grand sommet; un guide est nécessaire pour s'y rendre. On met deux heures et demie pour aller du monastère au point le plus élevé de la montagne. De là on découvre une étendue de pays très-considérable; on peut même apercevoir Lyon, au moyen d'une lunette d'approche. Le Grand-Som a environ 2103 mètres d'élévation au-dessus du niveau de la mer.

Les étrangers sont reçus, à leur arrivée au monastère, dans une des grandes salles indiquées plus haut. Ils peuvent manger à toute heure; on ne leur sert que les aliments de la communauté et des liqueurs, entre autres celle qui est connue sous le nom d'élixir, et qui a été inventée par les chartreux. Ils ne peuvent séjourner plus de deux jours sans la permission du supérieur. La chambre à coucher est simple et propre. Le prix des repas est modéré.

Les femmes ne sont point admises dans l'intérieur du monastère. Elles sont reçues et logées dans un bâtiment situé vis-à-vis de la porte d'entrée.

Des personnes attachées à la maison s'empressent de conduire les voyageurs dans les lieux qui méritent d'être visités et qui ont été signalés dans cette notice; elles leur donnent en outre les détails et les renseignements qu'ils peuvent désirer.

Guide du voyageur à la Grande Chartreuse

Guide du voyageur a la Grande Chartreuse
N 1

ENTRÉE DU DÉSERT
par St Laurent-du-Pont.

Guide du voyageur a la Grande Chartreuse

PORTE DE L'OEILLETTE.

Guide du voyageur a la Grande Chartreuse

ENTRÉE DU DÉSERT
par le Sapey.

Guide du voyageur a la Grande Chartreuse.

Guide du voyageur à la Grande Chartreuse.

Guide du voyageur a la Grande Chartreuse

CHARTREUX.

Guide du voyageur à la Grande Chartreuse

CHAPELLE DE STE MARIE.

Guide du voyageur à la Grande Chartreuse.
N.5

CHAPELLE DE ST BRUNO.

www.ingramcontent.com/pod-product-compliance
Lightning Source LLC
Chambersburg PA
CBHW060626050426
42451CB00012B/2444